Por qué la filosofía (no) es aburrida

Primera edición: septiembre de 2024
Título original: *Perché studiare filosofia (non) è noioso*

© Maura Gancitano, 2024
© de la traducción, Elena Rodríguez, 2024
© de esta edición, Futurbox Project, S. L., 2024
Todos los derechos reservados, incluido el derecho de reproducción total o parcial de la obra.
Esta obra se ha publicado mediante acuerdo con Sosia & Pistoia srl y Susanne Theune (ST&A).

Diseño de cubierta: Taller de los Libros
Imagen de cubierta: iStock - sonmez karakurt
Corrección: Isabel Mestre, Adrián Giménez

Publicado por Ático de los Libros
C/ Roger de Flor n.º 49, escalera B, entresuelo, oficina 10
08013 Barcelona
info@aticodeloslibros.com
www.aticodeloslibros.com

ISBN: 978-84-19703-74-3
THEMA: QD
Depósito Legal: B 16279-2024
Preimpresión: Taller de los Libros
Impresión y encuadernación: Liberdúplex
Impreso en España — *Printed in Spain*

Maura Gancitano

POR QUÉ LA FILOSOFÍA (NO) ES ABURRIDA

TRADUCCIÓN
ELENA RODRÍGUEZ

ÁTICO DE
LOS LIBROS

Índice

¿Por qué deberíais?.................................. 11

La maravilla.. 25

El florecimiento personal...................... 37

¿Para qué sirve la filosofía? 59

Una historia por cambiar...................... 81

Si os he convencido, aunque solo sea un
    poquito, podéis leer algo de esto... 97

¿POR QUÉ DEBERÍAIS?

Me apasioné por la filosofía cuando era muy muy pequeña. No a todo el mundo le ocurre así porque, a veces, el encuentro se produce más tarde, o quizá nos enamoramos de ella poco a poco.

Encontré un libro en casa, *El mundo de Sofía,* de Jostein Gaarder, que en aquella época cosechaba un éxito enorme en todo el mundo. Mi madre era suscriptora de un club de lectura, una de esas empresas que te envían libros por catálogo, y lo compró por curiosidad. Pero, en cuanto lo recibimos en casa, lo dejó en una estantería.

Yo lo cogí —esto pasó a principios de los años noventa— y empecé a leerlo como siempre hacía por aquel entonces: sin tener ni idea de qué iba ni de si era adecuado para mi edad. De hecho, más tarde, una amiga de mi madre se enteró de que yo lo estaba leyendo y comentó que una niña de primaria no debería leer ese libro. Creo que fue la primera vez que me molestó que alguien se entrometiera en mi experiencia personal como lec tora. Aquel libro me hablaba, me veía reflejada en él, y la edad era algo del todo irrelevante.

Tardé casi un año en terminarlo, porque recorría toda la historia de la filosofía y yo no estaba acostumbrada a leer libros tan largos. Página tras página, descubrí que las preguntas que me hacía sin cesar eran exactamente las mismas preguntas que muchas otras personas se habían hecho a lo largo de la historia: ¿quién soy?, ¿por qué *existe* el mundo?, ¿qué es el bien y qué es el mal?, ¿qué es el amor?, ¿cómo puede una sociedad ser justa?

A ojos de las personas que me rodeaban —que para mí era todo el mundo—, estas preguntas no tenían sentido; de hecho, daban miedo. Había que silenciarlas, no hacerles caso. A ojos de las personas de las que el libro me hablaba —los *filósofos*—, estas preguntas, en cambio, eran esenciales, y valía la pena dedicar la vida a buscar una respuesta.

Descubrir la filosofía me ayudó a comprender que no estaba sola, que no me pasaba nada raro, y que todas las preguntas que me planteaba me diferenciaban de las personas que me rodeaban, pero me incluían en esa parte de la humanidad que no podía dejar de preguntarse el porqué de las cosas.

Las pesquisas de los filósofos se conservaban en los libros, y aquel primer encuentro me reveló lo mucho que la filosofía tenía que ver conmigo, y desde entonces supe que jamás la abandonaría.

El término *filosofía* se compone del verbo το φιλέιν *(to philein,* 'amar') y del sustantivo σοφία *(sophia,* 'sabiduría'). Así pues, se dice que la filosofía es el amor por la sabiduría, y esto, de algún modo, transmite la idea de que la gente que se dedica a la filosofía son personas sabias, que conocen la verdad de las cosas.

No es así, en absoluto.

το φιλέιν indica, en efecto, una condición de amistad y cercanía, pero no la posesión de la sabiduría. En esencia, quien hace filosofía vive la condición de quien desea la *sophia,* pero esta huye constantemente, no se deja alcanzar. Hacer filosofía, por tanto, significa desear la comprensión de algo con la certeza de que la verdad última siempre se nos escapará, entre otras cosas debido a los límites del conocimiento humano. A pesar de todo, quien hace filosofía sigue intentándolo, tratando de comprender, preguntándose el porqué de las cosas.

Quien hace filosofía, por tanto, se enfrenta siempre a los errores y trata de detectarlos. Hoy en día se habla mucho del *sesgo cognitivo,* es decir, de todos esos automatismos que nuestro cerebro realiza sin parar y sin darse cuenta. Dos ejemplos clásicos son el *sesgo de confirmación* y el *efecto halo:* en el primer caso, tendemos a buscar información que confirme nuestras opiniones preexistentes y a ignorar o subestimar las que las contradicen, mientras que en el segundo caso valoramos a una persona o un objeto a partir de un único rasgo, ya sea positivo o negativo, e ignoramos todos los demás.

Una de las personas que habla de ello en detalle es el psicólogo Daniel Kahneman (Premio Nobel de Economía en 2002), que en los últimos años ha realizado numerosos experimentos sobre el juicio humano y ha concluido que cometemos errores cuando tenemos que averiguar la probabilidad de que suceda algo, por ejemplo, prever el futuro o estimar la frecuencia de un determinado fenómeno. Al mismo tiempo, como afirma otro psicólogo, Stanislas Dehaene, nuestro cerebro es capaz de aprender muchísimo y de anticipar muchas cosas que sucederán a partir tan solo de unos pocos datos que tengamos a nuestra disposición.

Para la filosofía, esta aparente contradicción está clara desde hace al menos dos milenios y medio. Aristóteles ya sostenía que, al razonar, los seres humanos debían prestar atención a las falacias relacionadas con el uso de las palabras.

Esta tensión entre lo que no sabemos y queremos comprender y los límites de nuestra razón es lo que convierte a la filosofía en la base de todo razonamiento, y, por tanto, en una práctica milenaria que todavía es esencial para interpretar las cuestiones más complejas del presente: la inteligencia artificial, el cambio climático, las desigualdades, las pandemias y la gran incertidumbre en la que nos encontramos.

LA
MARAVILLA

En la práctica, ¿en qué consiste la filosofía? Demos un paso atrás para entender, ante todo, cómo y cuándo surgió.

Según el filósofo Giorgio Colli, la filosofía nació hace dos milenios y medio (entre los siglos VII y VI a. C.) de las cenizas de la sabiduría. En esencia, en Grecia y en las colonias de Asia Menor se produjeron unas transformaciones sociales, económicas y políticas que desembocaron en un replanteamiento radical de la visión del mundo. Los relatos homéricos y las prácticas tradicionales ya no bastaban para dar sentido a las cosas, y había que cuestionarlo todo. El mundo era más grande y complejo, sobre todo gracias a la expansión del comercio, los intercambios culturales y las relaciones con pueblos lejanos. Los griegos entendieron que existían otras culturas, que la suya no era la única forma de relacionarse con el mundo y que era necesario realizar un esfuerzo para comprender este nuevo orden.

Esto creó una grieta, y de ella nació la filosofía. Los filósofos abandonaron la idea de que la cultura en la que estaban inmersos era perfecta e intocable, y empezaron a desobedecer los dogmas y las creencias que antes ni siquiera podían cuestionarse.

Es posible que a nosotros nos cueste entenderlo, porque nos parece normalísimo preguntarnos quiénes somos, qué deseamos, cuáles son nuestros valores, pero, para el ser humano de aquella época, plantearse estas preguntas supuso una auténtica revolución, una renovación radical. Los filósofos cuestionaron todo lo que parecía normal y se daba por sentado, y empujaron al resto del mundo a hacer lo mismo.

El ejemplo más claro es el de Sócrates, el filósofo de Atenas que vivió en el siglo v a. C., al que el joven sofista Menón llamaba «el torpedo», porque se acercaba a las personas, las fascinaba, las hechizaba, y no hacía más que plantear preguntas, con cuestiones cada vez más complejas, y al final las dejaba llenas de dudas, como entumecidas. Los atenienses estaban cansados de que les plantearan preguntas cada vez más acuciantes, para las que no tenían respuesta.

Si te cruzabas con él en la plaza principal de la antigua ciudad, el ágora, Sócrates podía perseguirte y lanzarte preguntas sobre el bien, el mal o la justicia, o sobre ti mismo, y no se conformaba con respuestas simples, sino que era capaz de no dejarte ir durante horas para que razonaras sobre cuestiones que nunca te habías planteado siquiera. Esta peligrosa actividad fue uno de los motivos por los que, al final, otros atenienses condenaron a muerte a Sócrates.

Lo que el filósofo hacía, por supuesto, no era atontar a la gente, sino revelarle todo lo que no sabía. Entonces, y también ahora, descubrir que uno no sabe es algo que da mucho miedo, y esto lleva a las personas a silenciar las preguntas o a fingir que tienen el control de sus propias vidas, incluso cuando pasan por épocas de mucha confusión y desorientación.

Lo que más tememos es parecer estúpidos, porque eso nos expone al juicio de los demás y a que se rían de nosotros. Sin embargo, «estúpido» deriva del mismo verbo latino que «estupor»: *stupere,* es decir, 'asombrarse', 'maravillarse'.

La filosofía, según muchos teóricos, tiene su origen precisamente en el asombro, es decir, en el θαύμα *(thauma),* que no es algo ni positivo ni negativo: tal como lo entendían los griegos, el asombro era tanto el estupor como el horror. Hoy nos asombramos cuando contemplamos un arcoíris o a nuestro gato, que duerme acurrucado junto a nosotros, pero también ante el hecho de que todavía existan guerras y de que muchas personas no tengan nada que comer. El asombro indica algo que impacta, que estremece, que no deja indiferente, y es la esencia de la filosofía.

Lo contrario es la indiferencia, ignorar lo que ocurre, darlo todo por sentado. Respecto a estas alternativas, pasar por una persona estúpida es un precio que uno puede estar dispuesto a pagar.

La filosofía no teme el estupor, sino que, de hecho, lo busca. Por eso es lo menos aburrido que puede existir: al contrario, es la disposición a ser curiosos, a intentar comprender más, a profundizar.

Estudiar filosofía, por tanto, puede servir para aceptar todo lo que no sabemos, y también para no tener miedo de ello.

EL
FLORECIMIENTO
PERSONAL

Sí, pero, en la práctica, ¿de qué se ocupa la filosofía? Me gustaría intentar trazar dos caminos: uno relacionado con el autodescubrimiento y otro con la comprensión del mundo.

Si hasta ahora habéis pensado que la maravilla y las preguntas solo tienen que ver con el mundo y no con la persona que hace filosofía, ha habido un malentendido: la filosofía también nos cambia como personas, y desde el principio muchos filósofos imaginaron ejercicios y prácticas para llevar una *vida filosófica.*

La filosofía, de hecho, no solo es el arte de razonar, sino una verdadera actitud. Esto era muy evidente en la Antigüedad, porque la filosofía se estudiaba sobre todo en las escuelas, en las cuales se hacía vida comunitaria, se practicaban ejercicios cotidianos y había que seguir reglas precisas sobre el estilo de vida, los hábitos y las cosas que había que hacer y las que había que evitar.

Se trataba de una disciplina férrea que hoy nos parecería una limitación de la libertad, pero, según el filósofo

Michel Foucault, estas «tecnologías del yo» permitían a los individuos llevar a cabo una verdadera transformación de su cuerpo y su alma con el objetivo de alcanzar la purificación, la sabiduría, la perfección, la inmortalidad o la felicidad.

Así pues, la filosofía en la Antigüedad también era un camino espiritual de autoeducación, y el objetivo principal era el cuidado de uno mismo *(epimèleia heautoù)*. La idea del cuidado de uno mismo era fundamental, como también lo fue para la filosofía romana de los dos primeros siglos de la época imperial (en latín, *cura sui)*.

Lo que podemos hacer en la actualidad es recuperar algunas de estas prácticas y diseñar nuestro propio camino personal, que consiste, ante todo, en comprender quiénes somos, qué deseamos, cómo es correcto actuar, qué tiene sentido para nosotros. Esto nos implica, en consecuencia, no solo a nivel racional, sino también emocional, psicológico, existencial.

Para hablar de este aspecto de la filosofía, utilizo la expresión *florecimiento personal,* tanto porque me parece que expresa un camino individual y distinto para cada persona, pero también porque, según muchos, la palabra griega *eudaimonia* debería traducirse no como 'felicidad', sino precisamente como 'florecimiento'.

Los tiempos en los que vivimos están obsesionados con la felicidad:

hay que ser feliz siempre, en todo momento, no detenerse nunca, jamás, tener el control de la propia vida y de las propias emociones. El florecimiento, en cambio, indica un camino en el que hay altibajos, momentos en los que quizá no sepamos hacia dónde nos dirigimos, en los que queramos cambiar de rumbo o tal vez volver atrás. Las dudas y los cambios de opinión forman parte de la vida, y las emociones negativas no deben ocultarse, sino que pueden ser una brújula para comprender lo que no funciona del modo adecuado. La duda, por tanto, no solo es necesaria para conocer el mundo, sino también para conocernos a nosotros mismos.

Cuidar de uno mismo, después de todo, no significa tener perfectamente claro quiénes somos: presumir de saberlo significa que no somos personas sinceras y auténticas. Por fortuna, siempre habrá cosas de nosotros que nos sorprenderán a lo largo de la vida. Las personas que nunca tienen momentos de confusión, nuevos deseos o dudas, es probable que solo tengan demasiado miedo de conocerse realmente a sí mismas. ¿Qué es, por tanto, el cuidado de uno mismo? Se trata de una práctica compuesta por preguntas, ejercicios y actividades para entender hacia dónde va una persona, qué quiere, y para tomarse un poco menos en serio a sí misma.

No existe una vida adecuada para todo el mundo, y cada persona es diferente. Lo que sí que podemos hacer es escucharnos y hacernos preguntas, y dejar fluir lo que sentimos, lo que pensamos y aprender a decidir cómo reaccionar.

Para entender lo que acabo de mencionar, os propongo tres ejercicios:

El primero es la *deriva,* de Guy Debord, un filósofo, escritor y cineasta francés del siglo XX. Debord pensaba que era importante moverse por la ciudad de un modo no convencional: el objetivo no era llegar a un lugar determinado haciendo siempre el mismo camino, sino callejear, dejarse guiar por las sensaciones y las historias que surgen del entorno, por los estímulos del terreno y los encuentros que tienen lugar en él. Parece sencillo, pero hoy en día nadie tiene tiempo para deambular sin rumbo por su ciudad. Así pues, se trata de salir y merodear, mirar alrededor sin ningún objetivo concreto, contemplarlo todo como si fuera la primera vez que lo vemos.

He hecho este ejercicio en universidades, empresas y escuelas con resultados increíbles: lo más habitual es que, al final del ejercicio, las personas comenten que han descubierto edificios, tiendas, plazas de su barrio que, enfrascadas en las cosas que siempre tenemos que hacer, no habían visto antes, y en general se sienten más libres para tener ideas, dar espacio a la creatividad y relacionarse con el mundo exterior. En el fondo, es bastante comprensible: hoy en día, intentamos seguir los trayectos que ya conocemos con la ilusión de ser más eficientes, y esto, sin embargo, nos hace correr el riesgo de entumecer nuestra capacidad de pensar.

Callejear, en cambio, significa trazar nuevas rutas no solo en la realidad física, sino también en nuestra mente. Intentad hacer este ejercicio de vez en cuando, aunque solo sea durante media hora, tal vez junto con otra persona, y descubriréis algo nuevo sobre vosotros y sobre el lugar donde vivís.

El segundo ejercicio viene de Séneca, filósofo estoico del siglo I d. C., pero es probable que hayáis oído hablar de esta práctica con una connotación religiosa (que en su origen no tenía). Se trata del *examen de conciencia,* que también practicaban de distintas formas los pitagóricos, Sócrates y los epicúreos. Consiste en prestar atención a las acciones e intenciones del día, es decir, recapitular de un modo sincero lo que ha ocurrido en la jornada y cuáles han sido vuestras reacciones. El objetivo es autocorregirse: no reprocharse o condenarse si uno no se ha comportado de la manera correcta, sino cuestionarse sin juicio. No tiene nada que ver con la culpa, sino con aportar claridad.

Recomiendo hacer este ejercicio por escrito, con papel y lápiz, como si se tratara de un diario: repasad, retrocediendo desde la noche hasta la mañana, las situaciones que se han producido a lo largo del día y preguntaos qué ha emergido de vosotros, cuáles han sido los fines y las causas de vuestras acciones, si ha habido momentos significativos.

No tenéis que fingir una gran sabiduría, porque hemos dicho desde el principio que quien hace filosofía sabe, ante todo, que no sabe, y se enfrenta a sus propios límites. Más bien, dejad aflorar con sinceridad incluso las incertidumbres, todo a lo que no sois capaces de dar sentido, las dudas, pero también las resoluciones, sin miedo a la complejidad de vuestras emociones y de vuestra personalidad.

El tercer ejercicio es la *antilogía sofística,* una técnica oratoria que nos implica un poco menos a nivel personal, pero que de todos modos es útil para ponerse en tela de juicio.

Durante mucho tiempo, se ha hablado de los sofistas como oradores capaces de argumentarlo todo a favor y en contra, por tanto, no como unos verdaderos filósofos. Decir que alguien es «sofista» significa que utiliza medios retóricos para defender algo indefendible, en lo que tampoco cree realmente.

Uno de los casos más famosos lo encontramos en Gorgias, del siglo v a. C., que pronunció el elogio de Helena, a la que suele considerarse la responsable del estallido de la guerra de Troya. En realidad, muchos expertos actuales están revaluando la contribución de los sofistas, que nos dejaron muchísimos instrumentos, ejemplos de debate y ejercicios de pensamiento.

En esencia, los sofistas construían en torno a un tema concreto tanto un discurso de defensa como un discurso de acusación, sin miedo a sostener tesis opuestas, sino buscando precisamente la contradicción. En la actualidad, cuando todo el mundo está firmemente convencido de sus propias ideas y nos resulta muy difícil cambiar de punto de vista —lo que dificulta mucho el diálogo—, la *anti-logía* puede ser útil para comprender las ideas distintas a las nuestras y ejercer la duda.

Elegid un tema que os interese mucho (el cambio climático, Percy Jackson, Miércoles Addams, los gatos, la filosofía) y fingid que tenéis una opinión por completo opuesta a vuestra convicción real. Convertíos en negacionistas del cambio climático, explicad por qué la saga de Harry Potter es mejor que la de Percy Jackson o por qué Enid es más simpática que Miércoles en la serie de televisión. Creed realmente lo que apoyáis, intentad argumentar vuestras razones y, si es posible, haced el ejercicio con otra persona, que lo hará a su vez.

Quizá os sintáis un poco incómodos, pero también es posible que os divirtáis mucho y, sobre todo, podréis comprender mejor a quienes tienen opiniones distintas a las vuestras (y esto también puede serviros para aprender a debatir sobre otras cuestiones, de modo que resultéis más claros y convincentes) y para dudar de vuestras propias certezas.

En esencia, la filosofía es una práctica de reflexión que también implica la vida personal. De este modo, se convierte en un arte de vivir, y no solo en una capacidad de razonamiento. El objetivo del florecimiento, de hecho, es la transformación de uno mismo, una metamorfosis que lleva a cambiar de actitud y de forma de existir. Para que esto suceda, no obstante, es necesario que nos recordemos que no somos perfectos y, por tanto, también debemos aprender a reírnos de nosotros mismos y a perdernos.

Esto, además, significa cuidar de nosotros mismos, conocernos y comprender cómo actuar de forma adecuada. Ser sincero con uno mismo y comprender lo que es correcto hacer en cada situación de la vida, en efecto, es el fundamento de esa parte de la filosofía llamada ética.

La ética no es un manual de instrucciones que podéis consultar cada vez que busquéis una respuesta (del estilo «Si un amigo te trata mal, haz esto o aquello...»), sino que nace de una pregunta: «¿Cómo es oportuno que me comporte frente a lo que me sucede?».

Quien se lo pregunta, con la conciencia de poder equivocarse y con el deseo de comportarse de la mejor manera posible, está haciendo filosofía.

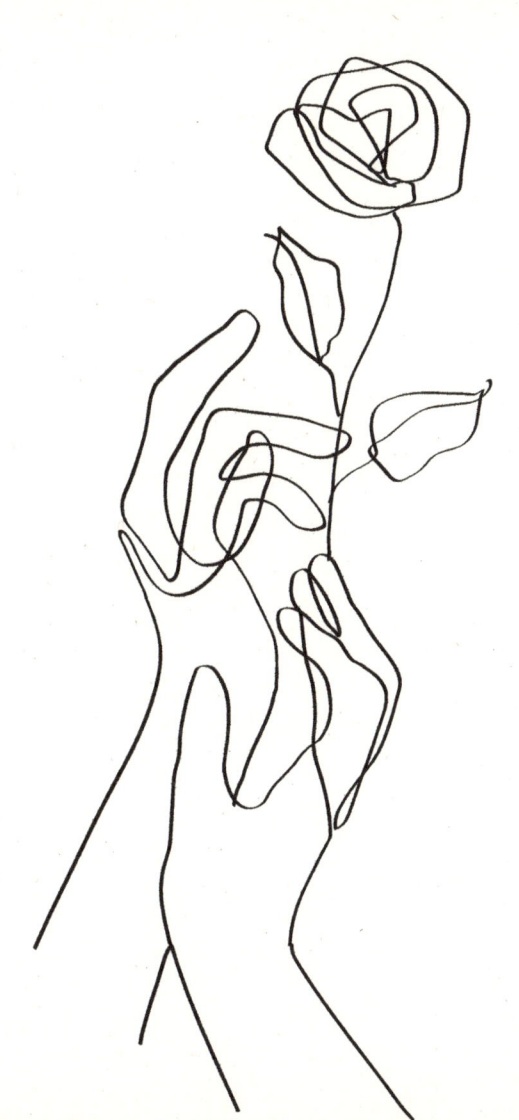

¿PARA QUÉ SIRVE LA FILOSOFÍA?

Ya hemos hablado de la filosofía para el descubrimiento de uno mismo, y ahora ha llegado el momento de entender cómo puede ayudarnos en la comprensión del mundo.

Partamos del supuesto de que la filosofía, en la actualidad, parece superflua, dado que disponemos de tecnologías extraordinarias que nos permiten hacer muchas cosas en poco tiempo, nos ofrecen respuestas y procesan datos por nosotros. ¿Para qué nos sirve una reflexión filosófica si ya tenemos tanto poder?

Por otra parte, si hay algo que molesta a las personas que se dedican a la filosofía, es tener que demostrar que sirve para algo, que tiene utilidad. Cuando alguien pregunta «¿Para qué sirve la filosofía?», siempre habrá alguna persona apasionada que, citando a Aristóteles, responderá que «la filosofía no sirve para nada porque no es sirvienta de nadie». Añadirá que es precisamente su inutilidad lo que la convierte en el saber más noble, y que sería menospreciante dedicarse a la filosofía solo para alcanzar un objetivo: desarrollar una inteligencia artificial superior, seleccionar mejor a los empleados de una empresa o perfeccionar la investigación en el ámbito médico.

Sin embargo, a pesar de que muchas personas que empiezan a estudiar filosofía no suelen hacerlo para alcanzar un objetivo práctico, sino porque pretenden que ese estudio dé sentido a sus vidas, no podemos negar que, hoy en día, la aportación de la filosofía se encuentra en todas partes.

Hay una filosofía en la base de cualquier partido político, sindicato u organización, y en la base de cualquier disciplina. Eso explica por qué en una facultad de Filosofía pueden encontrarse enseñanzas de filosofía de la medicina, filosofía de la biología, filosofía del lenguaje, filosofía de las matemáticas, filosofía de la arquitectura, filosofía de la ciencia y filosofía de la inteligencia artificial.

Las personas que se dedican a la ciencia no pueden negar, por ejemplo, la importancia de la *epistemología* en el desarrollo del método científico moderno. Se trata de esa rama de la filosofía que se ocupa de la naturaleza, los orígenes y los límites del conocimiento humano, y que ha proporcionado el marco teórico que ha dado forma al enfoque de la investigación y a todas las fases necesarias para verificar e interpretar los resultados.

Las personas que se dedican a las investigaciones científicas no realizan operaciones repetitivas, sino que construyen hipótesis y deben ser capaces de razonar de manera filosófica, tener una definición de lo que es el conocimiento, cómo pueden interpretarse los datos evitando las falacias lógicas, asumir sus propios límites y cuestionarse cuáles son las consecuencias de sus investigaciones para el bienestar colectivo.

Imaginemos, pues, un estudio con cobayas que se someterán a experimentos: el científico debe preguntarse cuál es la mejor manera de llevarlo a cabo para que las cobayas no sufran, no corran riesgos y, en caso de que se trate de seres humanos, deberán ser informados de lo que ocurrirá. El científico debe preguntarse cuáles son las consecuencias de sus acciones, pero, al mismo tiempo, necesita decidir qué hacer: si, por ejemplo, se negara a llevar a cabo el estudio, podría no encontrar nunca un medicamento útil para salvar a las personas que sufren un cáncer o una enfermedad rara. ¿Cómo hay que comportarse? Todo esto concierne al campo de la ética y, en el caso de las cobayas animales, al *antiespecismo,* el movimiento filosófico y político que rechaza la idea de que existe una distinción de valor entre las distintas especies y que, por tanto, no cree que la vida humana valga más que la animal.

En cambio, cuando se habla de cuestiones relacionadas con la vida y el final de la vida, se habla de un campo que combina biología, medicina, derecho y, por supuesto, filosofía: la *bioética*.

Además, los científicos no trabajan solos o únicamente en pequeños grupos de investigación, sino que, cuando se concluye un estudio, se redacta un texto en el que resumen los datos recogidos y los resultados alcanzados, y este texto tiene que someterse a la revisión de un grupo de expertos (revisión por pares) antes de que pueda publicar, para comprobar que todo se haya realizado de forma correcta y que, por tanto, sea preciso. Los resultados de todos los estudios realizados sobre un tema determinado pueden ser contradictorios o poco claros: así pues, es necesario que la comunidad internacional de científicos pueda compararlos y debatir para alcanzar el consenso científico, es decir, una posición común a la luz de lo que se sabe sobre una determinada cuestión en un momento dado. En cada fase de la investigación científica, por tanto, es necesario utilizar las herramientas de la filosofía de la ciencia.

Podemos aplicar esto a cualquier disciplina, en especial a las tecnológicas, y veremos que la lógica filosófica y sus mecanismos están presentes en todas las situaciones de la vida humana. La filosofía trata de pruebas y posibilidades, y también de los errores que cometemos. El problema surge cuando quien actúa está convencido de saberlo todo y de que la técnica es suficiente para encontrar las respuestas a todas las preguntas. En este caso, el riesgo es tropezar en pensamientos triviales o predecibles, así como en errores flagrantes.

Al mismo tiempo, para hablar de cuestiones técnico-científicas, quien hace filosofía debe aceptar su propia ignorancia y no pretender explicar a un ingeniero cómo se construye una casa. Lo que puede hacer es establecer conexiones entre las disciplinas y adquirir conocimientos técnicos y prácticos para tener una mirada filosófica realmente eficaz. En otras palabras, tiene que ensuciarse las manos.

A estas alturas, ya nos resultará claro que la filosofía es una práctica que puede aplicarse a un contenido para el que se requieren unas competencias específicas: para hacer filosofía de la inteligencia artificial, hay que tener una formación filosófica, pero también es necesario experimentar, comprender cómo funciona, entrar en relación con quien la proyecta.

Es una actitud muy distinta a la que solemos esperar de un filósofo, pero que hoy en día resulta fundamental: cuando se habla de innovación, es importante contar con un filósofo en el grupo de trabajo, pero desde una óptica de cooperación, no de juicio.

No tiene sentido que un filósofo explique cuál es el error de un algoritmo si ni siquiera sabe cómo funciona. Lo que puede hacer es estudiar y experimentar, y lo que puede hacer la persona que ha diseñado el algoritmo es asumir que sus conocimientos técnicos no bastan para prever las consecuencias sociales, éticas y prácticas del proyecto.

Cuanto más técnica es una disciplina, más necesaria es una teoría filosófica. *Teoría* viene del verbo θεωρέω *(theoréo)*, que significa 'miro', 'observo', compuesto a su vez de θέα *(thèa)*, 'espectáculo', y ὁράω *(horào)*, 'veo'. Quien construye una teoría es quien observa lo que se manifiesta e intenta comprenderlo, es decir, trazar límites, elaborar una estructura para explicar los fenómenos de la mejor manera posible.

La teoría siempre es un tentativo humano fallido, porque, aunque en la actualidad creamos haberlo entendido todo sobre el funcionamiento del cuerpo humano, el planeta Tierra y el universo, en realidad lo que no sabemos siempre es mucho mayor que lo que sí que sabemos. Tan solo debemos recordar que se estima que tan solo conocemos el cuatro por ciento de toda la materia que existe en el universo.

Si la realidad supera nuestra comprensión, crear teorías significa, por tanto, asumir los límites de nuestra razón, pero también la maravilla del mundo. Saber que no sabemos puede resultar frustrante, o, por el contrario, podemos sorprendernos ante la inteligencia del universo en el que vivimos. Experimentar estas posibilidades es, de nuevo, labor de la filosofía.

La frustración también deriva del hecho de que una teoría fantástica, desarrollada con el objetivo de explicar un fenómeno físico, puede ser falsada en cualquier momento. De hecho, esto es precisamente lo que la convierte en una teoría científica, como afirmaba el filósofo Karl Popper, del siglo XX, que sostenía que, para que una teoría pueda considerarse científica, debe ser posible refutarla mediante la observación y la experimentación.

De hecho, existen otras perspectivas —por ejemplo, morales o religiosas— que responden a principios diferentes. Cada persona hace reflexiones y construye teorías del mundo que no tienen por qué ser ciertas y que no se excluyen mutuamente.

Pensemos, por ejemplo, en las opiniones políticas: en una democracia es necesario que haya una pluralidad de visiones de las cosas, porque es la capacidad de gestionar ese conflicto mediante los instrumentos del debate y el derecho lo que permite que la propia democracia exista. Y es suficiente hablar con alguien sobre una cuestión política para que también emerjan sus ideas filosóficas sobre el ser humano, su ética, su epistemología.

Algunas de estas ideas pueden compartirse más allá de las creencias personales, y, de hecho, es importante que así sea: se trata de los principios que rigen las acciones y las políticas en el sector público y que conforman la *ética pública*. Más allá de las distintas convenciones, ¿cuáles son los principios en los que estamos de acuerdo? El respeto de los derechos humanos, la honestidad, la equidad, la igualdad de género o el respeto a la diversidad pueden ser algunos de estos principios, por ejemplo.

Parece claro que la filosofía todavía es esencial hoy en día, y esto resulta también evidente para las personas que se dedican al ámbito tecnológico.

Es cierto, poder hablar con una inteligencia artificial a la que se le han ofrecido todos los datos y conocimientos procesados por la humanidad hace que todo lo demás parezca lento y aburrido, pero en realidad no es así. Vivimos en un mundo complejo en el que la cantidad de datos procesados, de noticias que nos llegan cada día y de opiniones encontradas es tan grande que corremos el riesgo de paralizarnos y de que una vida tranquila sea imposible.

UNA
HISTORIA POR
CAMBIAR

La historia de la filosofía que conocemos y que se estudia en la escuela
es interesante, llena de episodios bastante divertidos que han contribuido
a transmitir la idea de que los filósofos eran personas excéntricas y con la
cabeza en las nubes: pensemos, por
ejemplo, en Tales de Mileto, que una

vez se cayó en un pozo mientras caminaba por el campo observando las estrellas, sin prestar atención a donde pisaba; o en Kant, tan estricto con sus costumbres que sus paisanos ajustaban la hora de los relojes cuando lo veían salir para dar su paseo diario. Al mismo tiempo, muchas de las intuiciones de la filosofía están confirmadas en la actualidad por la mecánica cuántica, las neurociencias y la astronomía.

Sin embargo, la historia de la filosofía no es una historia perfecta, ni mucho menos.

En primer lugar, porque, como hemos visto, es la historia de innumerables intentos por comprender hechos y cuestiones complicadísimos; pero también por otra razón, que me parece importante destacar: las personas que podían hacer filosofía eran casi siempre hombres adinerados, que tenían la posibilidad de estudiar y dedicarse a temáticas importantes, y, en general, se los tomaba en serio.

Esto sucedió tanto en la antigua Grecia, que era muy misógina y se sostenía en el trabajo de los esclavos, como también en épocas más recientes. Un ejemplo es el de Harriet Taylor Mill, filósofa del siglo XIX y esposa de John Stuart Mill, uno de los máximos exponentes del utilitarismo (una teoría filosófica según la cual lo que es útil para el individuo o la sociedad equivale a lo que es bueno). En la actualidad, sabemos que es muy probable que escribieran juntos *Sobre la libertad,* uno de los libros más importantes de filosofía política, y que ha tenido una enorme influencia en la reflexión pública sobre la libertad de expresión y la libertad personal desde el siglo XIX. A pesar de que John Stuart Mill intentó hacer justicia al trabajo filosófico de su esposa (incluso aunque era un hombre de su época), ella no obtuvo el reconocimiento que merecía.

La historia de la filosofía está llena de historias como esta, y es una de las razones por las que todavía encontramos tan pocas mujeres filósofas en los libros de texto escolares. Por otra parte, leer tantos clásicos de la filosofía implica encontrar afirmaciones en contra de las mujeres, las personas con discapacidades, los esclavos y los pobres.

Algo similar ocurre con el prejuicio de que la verdadera filosofía es el pensamiento occidental: en este lado del mundo, hemos ignorado las contribuciones de los filósofos y filósofas de Asia y África. Las únicas excepciones las encontramos en los que tuvieron la oportunidad de estudiar en universidades europeas o estadounidenses y de hacer filosofía según los cánones del pensamiento occidental.

Se trató de una cuestión de poder (Europa y los Estados Unidos han ejercido una hegemonía cultural durante siglos y, por tanto, han decidido qué era cultura y qué no lo era) y también de estilo: la filosofía oriental, por ejemplo, traza vías y prácticas de pensamiento que están muy alejadas de las occidentales, y que por este motivo se consideran menos racionales y lógicas.

Hoy en día, la filosofía se está reconciliando con todo ello, y por esta razón es importante volver a su historia, pero todavía queda mucho por escribir. En efecto, en la historia de la filosofía puede dar la impresión de que ya está todo dicho y de que en la actualidad es presuntuoso construir nuevas teorías, pero no es así: ante un mundo complejo, hacer filosofía es una contribución esencial, y también lo es porque las categorías filosóficas del pasado pueden resultar insuficientes para comprender lo que vivimos ahora.

Otro de los temas que se discuten en los debates de hoy en día, por ejemplo, es el antropocentrismo, que caracterizó a tantos sistemas filosóficos del pasado (es decir, la idea de que el ser humano es el centro del universo). ¿Y si no estuviéramos en el centro del universo? ¿Y si, como nos enseña la neurobiología vegetal, las plantas son más inteligentes que nosotros, que no hacemos más que autodestruirnos y poner en peligro toda la vida en la Tierra al contaminar y devastar el planeta?

Este es, por tanto, un momento en el que la filosofía está poniendo en tela de juicio muchas de sus ideas clásicas para propiciar un cambio de paradigma que nos ayude a comprender cómo enfrentarnos a los grandes problemas de la actualidad y mejorar, asimismo, el bienestar colectivo.

Más allá de todas las innovaciones que veremos en los próximos años, y del hecho de que el trabajo que los niños de hoy en día realizarán en el futuro es probable que no exista todavía, hay algo que la filosofía puede aportar y que, en cualquier caso, será importante. Es lo que el filósofo francés Edgar Morin llamó «la cabeza bien puesta».

El objetivo primordial de la educación, según decía, debe ser ayudar a comprender la complejidad del mundo, ejercitar el pensamiento crítico y aprender a aprender. En el proceso de formación de los niños y jóvenes, es probable que estos tengan que cambiar de dispositivos, hábitos, técnicas y trabajos, porque todo evolucionará de un modo muy rápido. Lo que podrá ayudarlos a manejarse y a orientarse en el cambio constante será la capacidad de establecer conexiones entre los hechos y las disciplinas, no tener miedo ante las incertidumbres, preguntarse cada vez cuál puede ser la forma de aprender algo que tienen delante y todavía no conocen.

Una cabeza bien puesta no está llena de nociones, sino que es capaz de desenredar una madeja enmarañada con claridad y paciencia, y de dedicar al aprendizaje todo el tiempo que sea necesario. Quien tiene la cabeza bien puesta no siempre tiene todas las respuestas, pero no teme hacerse preguntas a las que de entrada no puede responder.

Por eso deseo a todas estas personas jóvenes que nunca tengan miedo ante lo que no conocen, sino que sientan mucha curiosidad, y que adquieran la dedicación necesaria para aprender siempre, sin dejar de preguntarse cuáles son las consecuencias de su trabajo y de sus acciones, como enseña la ética.

Para terminar, si en algún momento quien está leyendo este libro tiene que estudiar filosofía en el instituto o decide hacerlo en la universidad, tanto si decide hacer de ella el sentido de su vida o dedicarse a algo radicalmente diferente, espero que os haya entrado la curiosidad de leer algo sobre filosofía, y que ya no penséis que es aburrida.

La filosofía está en todas las partes del mundo, en nuestras vidas, en nuestros días. Y estos no tienen nada de aburridos. Al contrario, pueden ser una gran aventura.

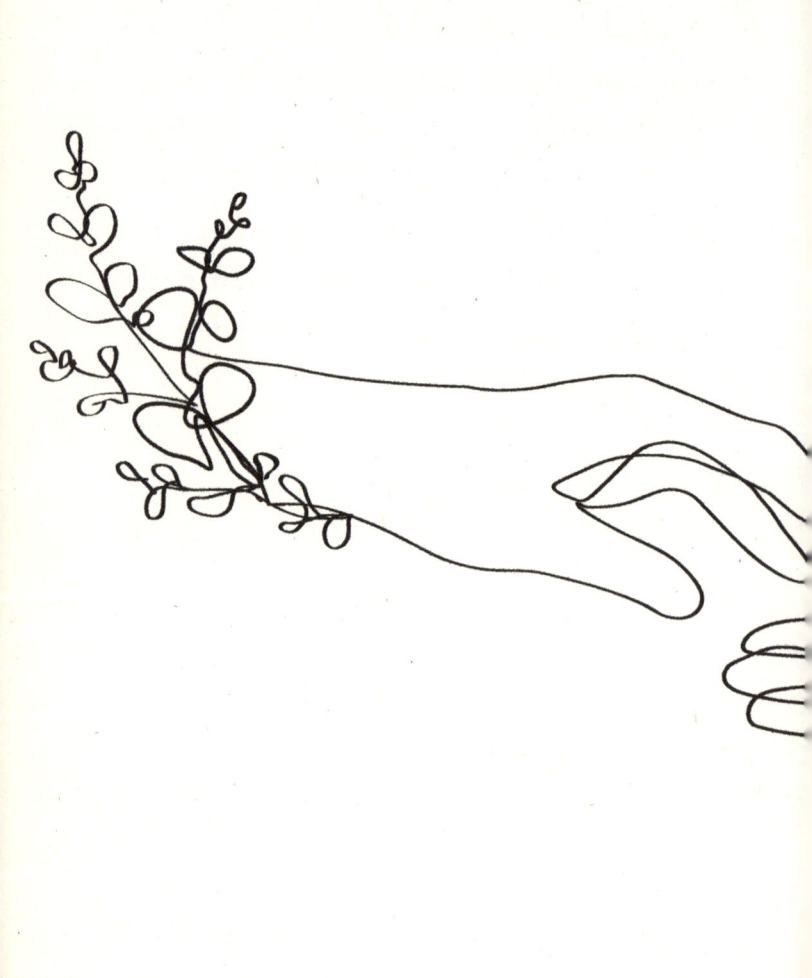

SI OS HE CONVENCIDO, AUNQUE SOLO SEA UN POQUITO, PODÉIS LEER ALGO DE ESTO...

El mundo de Sofía, de Jostein Gaarder, por supuesto (Madrid: Siruela, 2010). Es una novela filosófica que cuenta la historia de Sofía Amundsen, una adolescente que empieza a recibir cartas de un conocido filósofo que la acompañan en un viaje a través de la historia de la filosofía.

Filosofía básica, de Nigel Warburton (Madrid: Ediciones Cátedra, 2012). Todo un clásico escrito por un famoso divulgador británico que ha hecho accesible la filosofía a muchas generaciones. En este libro, se muestran los principales problemas filosóficos y se ofrece una panorámica clara sobre Dios, el bien y el mal, la política, el libre albedrío, la mente, la ciencia y el arte. Del mismo autor también es muy recomendable *Una pequeña historia de la filosofía* (Barcelona: Galaxia Gutenberg, 2013).

101 experiencias de filosofía cotidiana, de Roger-Pol Droit (Barcelona: Blackie Books, 2014). En este libro, el filósofo francés, que también fue asesor filosófico de la Unesco, describe numerosos ejercicios para realizar en la vida cotidiana que pueden cambiar realmente la percepción de las cosas y cuestionar lo que consideramos normal o que damos por sentado. Tiene un enfoque muy lúdico, porque con la filosofía se puede jugar. Aunque solo sea para no tomarse demasiado en serio a uno mismo.

La brevedad de la vida, de Lucio Anneo Séneca (Barcelona: Herder, 2024). En esta carta escrita en el año 49 d. C. a sus contemporáneos, el gran filósofo estoico pone en guardia ante la idea de que la vida es demasiado corta, porque esto lleva a correr sin profundizar nunca. Podemos hacer brillar nuestra existencia si nos liberamos de la idea de que no hay tiempo que perder. No os dejéis asustar por el hecho de que se trata de un clásico de la literatura latina: es un texto breve, muy sencillo, que parece escrito en la actualidad, porque describe la absurdidad de la prisa moderna y la continua insatisfacción.

Cándido, o El optimismo, de Voltaire (Barcelona: Edhasa, 2004). También en este caso hablamos de una novela filosófica de finales del siglo XVIII, y por ello puede parecer un libro aburrido y poco atractivo. No es así en absoluto: es muy divertido, irónico, y parece que el principal objetivo del filósofo francés era demostrar lo absurdo de la creencia de otro filósofo, Gottfried Wilhelm von Leibniz, de que vivía «en el mejor de los mundos posibles». En esencia, al joven Cándido le ocurren todo tipo de cosas, se ve obligado a ir de un lado a otro del mundo y nunca encuentra la paz mientras pasa de una situación paradójica a otra.

The Philosopher Queens: The lives and legacies of philosophy's unsung women ['Las reinas de la filosofía: la vida y el legado de las filósofas olvidadas'], editado por Rebecca Buxton y Lisa Whiting (Londres: Unbound Digital, 2020). Se trata de una recopilación de retratos de filósofas de todas las épocas

y todas las latitudes que han contribuido de forma significativa a la historia
de la filosofía. Como hemos visto, por
desgracia, aún hay muy pocas mujeres
en los textos de historia de la filosofía,
y no porque a las mujeres no les interese esta disciplina, todo lo contrario.
Aquí es posible descubrir algunos de
los nombres más interesantes, y tal vez
decidirse a profundizar en su pensamiento.

¿Qué es la libertad?, de Hannah
Arendt (Milán: Garzanti, 2022). En
este breve ensayo, la teórica alema-
na analiza la idea de libertad en relación con la capacidad de actuar e
influir en el mundo. La libertad no
tiene tanto que ver con la voluntad

y el individuo, sino con el hacer y la posibilidad de relacionarse con los demás.

Ático de los Libros le agradece la
atención dedicada a *Por qué la filosofía
(no) es aburrida*, de Maura Gancitano.
Esperamos que haya disfrutado de la
lectura y le invitamos a visitarnos
en www.aticodeloslibros.com
donde encontrará más información
sobre nuestras publicaciones.

Si lo desea, puede también seguirnos a través de Facebook, Twitter o Instagram utilizando su teléfono móvil para leer los siguientes códigos QR: